AF426519

POEMAS DE AYER

Moisés Morán Vega

Índice

Las primeras palabras

Estás en la puerta. Ya no pasas.

Te quedas ahí esperando la osadía,

para que te lleve en volandas,

y rompas el silencio que te cubre como un manto,

que te agarrota y te tranca la garganta.

Esperas a que llegue la luna,

la uña que se mece en el cielo,

y que no ilumina,

pero que es aliada del señor oscuro.

Ahí te presentas, cuando las estrellas te parpadean,

con sus iluminaciones muertas,

entonces tocas, a esperar que el silencio se rompa,

vuelves a tocar hasta que todas las puertas se abren

y entonces entras, pero nadie te espera.

Te sientas a oír las primeras palabras,

y si no llegan,

te irás por la mañana con el primer rayo del sol,

que ya no es rayo, sino quimera.

Volverás mañana, con la luna menos luna,

a que te permitan entrar,

a esperar a oír las primeras palabras,

aquellas que nunca te permitirán decir,

pero que siempre has querido oír.

Fronteras

Ya estamos frente a frente,

tú con tus ganas de perderte dentro de mí,

yo con las ganas de romper el frío

y dejarme llevar por el desenfreno,

rompiendo las fronteras invisibles,

y los muros del no lo entiendo.

Dejarte llevar, acercarte a mí,

romper el tiempo del café,

saltar el abismo de la mirada del sí, pero no,

recoger el roce furtivo y darle el debido abrigo,

que crezca como una onda en el mar

y sea un maremoto del que no pueda escapar.

Soñar con atravesar tus labios,

rescatar un beso, luego otro,

y así hasta conquistar las montañas que te cobijan,

hasta quedarme a dormir en tus praderas.

Al final seguirá el tiempo del café,

de las miradas perdidas,

de los ojos que dicen,

de los roces que van y que se escapan,

y tú seguirás.

¿Dónde estás?

¿Dónde dejaste la aurora que te regalé?

¿Dónde están las estrellas vivas y las estrellas muertas

que visitábamos en las noches de nuestros veranos?

¿Dónde los besos robados, entregados, los forzados y los imaginados?

¿Dónde las primeras caricias

y dónde las caricias lascivas que te hacían estremecer?

¿Dónde está la primera mirada, la que se escapaba entre las gentes,

la soñada y la olvidada?

¿Dónde está el primer roce inconfesable, el furtivo, que me hacía temblar?

¿Dónde está el placer buscado, el perdido y el encontrado?

¿Dónde está la entrega transmutable que me hacía enloquecer?

¿Dónde están las palabras que nos hicieron creer, crecer, retroceder y huir?

¿Dónde está el amor que nos entregamos sin saldos?

¿Dónde estás que ya no te veo, que no te huelo?

Ya lo sé. Estás en el arcón desvencijado de mis recuerdos,

junto a las fotografías olvidadas y las botellas llenas de mensajes que nunca enviamos, allí donde solo cabe tu ausencia y todos los fantasmas que vienen a partir de las diez.

El camino del ayer

Cúbreme con tu manto,

el del silencio, el de la espera,

el de la mentira,

ese, raído por el polvo del olvido.

Yo me quedaré inmóvil,

abriendo los poros para transpirar,

y escupir los recuerdos de tus muertos,

sus osamentas olvidadas en los rincones mohosos.

Trataré de levantarme,

una mano apoyada en el alma,

y las rodillas en carne viva

tras recorrer tus silencios culpables.

Te miraré en pie,

tambaleándome,

buscando el justo equilibrio entre alma y corazón,

apoyándome en el báculo de la resignación,

buscando en tus ojos las lágrimas del perdón.

Daré la vuelta, dándote la espalda,

¡Quédate!

pero me llevaré lo que no pudo ser,

y lo que no fue,

los restos del naufragio en el abismo,

el timón sin rumbo

y las cartas que ya nadie leerá.

Solo quedará la estela de tus recuerdos
encarcelados,

las fotografías de sonrisas y atardecer,

los espejos rotos y mentirosos,

tu lluvia a través del cristal

y las tardes del café con tu fantasma.

A tientas

A tientas, con el corazón en ambas manos,

tropezando con los bancos y las sillas,

cayéndome en las zanjas del pasado,

intento encontrar el resquicio,

el halo de luz que me guíe hasta tu sonrisa.

Espero, solo espero, a que la oscuridad se ilumine,

con esa luz del fondo, la única luz,

seguirla hasta encontrarte,

detenerme ante ti y esperar la palabra,

la sonrisa, el deseo, el beso y la caricia.

Después te dejaré el corazón en la marca,

ahí donde las grietas del olvido se juntan,

donde los recuerdos quieren salir y salen,

y son devorados por la luz del sol,

donde las culpas se esconden tras las rocas

buscando el perdón,

donde las mentiras están enterradas

bajo siete metros de disculpas;

ahí te dejaré mi corazón,

a la espera del abrazo que abra las puertas verdes,

y soñar por estar y por ser.

A tientas, un paso y luego otro,

consciente del sabor áspero del pasado,

de la locura que salió en estampida por los
callejones del desencuentro,

a tientas, te busco y no sé si te encuentro.

Me siento y respiro

Te metes dentro de mí sin darme cuenta,

jugando con la inconsciencia de esto que llaman
estar vivo,

y cuando respiro, ya estás ahí,

acurrucada en mi estómago,

comiéndome por dentro,

alimentándote de cada aliento que sale de mi ser.

Luego te escondes, te camuflas y desapareces,

no te encuentro y casi no noto tu presencia,

pero sé que estás ahí, esperando a que me
duerma,

para volver a sentarte a mi mesa

porque quieres tu ración de mi existencia.

Respiro porque sé que no te gusta que respire,

que no te gusta que sea consciente del ahora,

y que no piense en el pasado ni en sus aguas de
molinos

ni en el futuro ni en sus entelequias de estrellas,

y respiro, una y otra vez respiro,

tú te incomodas, te revuelves,

porque sientes el veneno que te aniquila,

entonces, escapas por mi boca

y siento la podredumbre de tu piel que has dejado
en mi alma.

Sonríes; ya lo sé, volverás a buscarme,

cuando esté martilleando el yunque de la locura,

cogerás el martillo y golpearás con fuerza,

para que no oiga el reptar de tu inmundicia,

que no sienta el siseo de tu lengua bífida,

ni el roce de tu piel fría en mi boca.

Espero y respiro.

Nudos

Tú lo sabes. Los nudos atan.

Como el primer beso.

Aquel que te recorrió todo el cuerpo,

y se te quedó ahí para siempre,

como un fósil esperando a ser encontrado.

Los nudos se desatan.

Como el primer desprecio,

Aquel que se quedó en el aire,

tan espeso que podrías enmarcarlo.

Los nudos atan.

Como la primera caricia.

La que te hizo cerrar los ojos.

Sin saber dónde estabas.

Solo sentías y te dejaste llevar.

Los nudos se desatan.

Como con la primera frontera.

Aquella invisible que se levantó sin apenas
saberlo,

con los silencios, con las mentiras y con las
ausencias.

Los nudos atan.

Como el primer te amo.

Que te desarmó. Te dejaste llevar y te
preguntaste si podrías regresar.

Los nudos se desatan.

Como el primer grito.

Ese que te atravesó el corazón,

ese que sacó la pala para excavar la tumba.

Los nudos atan y se desatan.

Subir

Subir hasta encontrarte,

soltar los lastres que me atan a la tierra,

romper sus cadenas y respirar.

Verte al final de la escalera, inalcanzable quimera,

que se desvanece como el canto del mirlo al
amanecer,

gritarte y subir el primer escalón con las rodillas
en carne viva.

Quedarme ahí, esperando el maná de tu caricia,

que llega, tarde como siempre,

y volver a recitar el canto del desconsuelo,

hasta que descanse de tu insultante mentira.

Lanzo las cuerdas del esfuerzo para seguir
escalando.

Llegar a la cima, después de dejar la sangre en las
laderas grises del éxito,

que me vomita los años de negro sobre blanco

que recojo con la luz de la tristeza.

Ya no necesitas mis cantos ni sus ecos.

Al final me rindo porque me despierto del sueño.

Vuelvo a la tierra de los mediocres,

a caminar por los caminos de los mortales,

a disfrutar de mi reconocimiento ante el espejo,

alzando la mirada hacia tus cimas,

pero esta vez respiro y la cordura vuelve a mi
cabeza.

Detente

Tendrás tiempo de detenerte,

de observar e intentar lo imposible.

Allí están sus grietas mohosas,

sus maderas carcomidas.

¡Túmbate!

Arrástrate por el suelo,

ahí puedes sentir la humedad

que traspasan sus paredes cicatrizadas,

pero jamás oirás sus voces,

están enterradas en los patios traseros,

en la tierra de cal y pintura,

en los ecos de los gemidos de la entrega,

en los escombros del olvido,

en las tejas viejas de los tejados rojos.

Solo encontrarás su silencio pétreo,

un silencio convertido en olvido,

en ángel que pasó mil veces,

en fantasma que vino a tomar café,

en el bucle eterno que entra y sale.

Después podrás irte y recordar lo que fue.

Lo esencial

Dame lo esencial. Lo superfluo déjalo fuera.

Con un detalle me basta. No más.

Quizás una sonrisa.

Quizás una mirada.

Quizás un gesto.

Quizás un desprecio.

Quizás un beso.

No quiero más que lo que me quepa en una
mano.

Lo que pueda transportar si tengo que huir de tu
hoguera.

No quiero quemarme con lo que sobra,

esa yesca que se acumulará con los años

y que ocupará todos los rincones.

Dame lo esencial. El resto repártelo entre los
demás.

Quizás un roce.

Quizás un reencuentro.

Quizás un hola.

Quizás una despedida.

Quizás un desprecio.

No quiero más de lo que pueda soportar mi mirada.

Nada más.

Después vete y déjame en paz.

Viene la aurora

Ahí viene la aurora, despojada del sin sentido,

a entregarnos las luces que no son las de ayer,

otra entrega salvadora,

a decirnos que somos menos,

aunque nos creamos más que ayer,

a mostrarnos los pasos del andar,

primero uno, después otro, y luego otro,

sin detenerte, siguiendo la luz,

hasta entregarnos a la noche y descansar.

Sí, descansar, para reconciliarnos con nosotros,

con nuestros queridos monstruos,

que llevamos siempre tan dentro,

apaciguados y calmarlos con nuestro sueño.

Luego la aurora tocará a nuestra puerta,

un paso, siempre un paso, después otro,

hasta el amanecer.

Vivir para encontrar el sentido del amanecer,

de lo nuevo que se escucha en la aurora,

hasta encontrar el camino y volver a perderlo.

Las máscaras

Estás ausente y no te veo, ni siquiera siento tu
aliento.

Quizás te moriste sin darme cuenta.

Como una momia petrificada estás junto a mí,

que ya no escucha ni siente,

solo preocupada de qué dicen los espejos.

Quizás todo empezó con el juego de las máscaras.

Aquel juego que comenzamos cuando
empezamos a cavar la tumba de nuestro amor.

Trescientas cincuenta y cinco paladas,

paladas de desencuentro y desprecio.

Ni una más ni una menos.

Las máscaras que fuimos comprando a plazos,

en los mercados de la insatisfacción y la
indolencia.

Las máscaras que nos permitían seguir respirando,

viviendo una vida con el crédito agotado,

mientras recogíamos del suelo las pieles muertas
de nuestros encuentros,

para seguir hasta hartarnos, vomitar e intentar
despertar de este coma inducido por el tedio.

Es hora de acabar con el juego,

romper nuestras máscaras,

para darnos una oportunidad de alcanzar la
quimera de la felicidad.

Hay que reconocer que estamos muertos,

que nos morimos hace mucho tiempo,

enterrarnos y descansar.

Después vendrá el tiempo de resucitar.

Ya tengo tus huesos

Ya tengo tus huesos de pozo y luna oscura,

los olvidados en las crónicas amarillas de los
azules,

los enterrados en el silencio de la oscuridad de la
barbarie,

los escondidos por las manos asesinas.

Ya tengo tu cráneo,

con dos agujeros negros que se tragaron tu futuro
y tu sonrisa,

con dos ojos cerrados para siempre,

con dos orificios de rabia y ceguera,

con dos impactos para callar tu palabra libertaria.

Ya tengo tu recuerdo,

aquel que quedó en las fotografías del blanco y
negro,

aquel que me entregaron con palabras eternas,

aquel que construí con el agua de los pozos de
esperanza.

Ya tengo un lugar donde enterrarte,

allí, donde siempre crecerán las margaritas
silvestres,

alejados de los pozos oscuros, de las simas y de las
cunetas,

un lugar para descansar de la sinrazón de los
monstruos,

donde esculpirán tu nombre con el cincel de la
sentencia.

Ya tengo tus huesos; ya se hizo justicia.

A un paso

Seguir caminando y atravesar el desierto de la esperanza,

dejar atrás lo conocido,

el patio familiar,

las calles de los amigos,

y las risas de las noches del abuelo.

Romper con los lazos,

y llevarte la vida atada a la espalda,

porque no puedes llevarte más,

solo el porcentaje de miseria que te tocó en la feria;

nada más.

Llevarte conmigo en busca de la luz

que aún no se ve,

esa que cuentan que está más allá,

del millón de pasos en la soledad.

Seguir porque tu mirada es mi aliento,

tus caracolas que cantan el futuro,

tus manos cálidas que impulsan a dar un paso más.

Después llegar, ver el muro,

parparlo y sentir el frío;

hemos llegado,

un paso de no estar,

de que te arranquen de mis manos,

de perder tu mirada y tu calor,

y solo quedarme con tus lágrimas.

Luego soñar con la desesperación,

que se vertebra y se multiplica,

como un virus invisible,

que me termina ahogando hasta dejarme en el
silencio.

Tú no lo entiendes; yo tampoco.

Manos, mordazas, luces, grilletes

y al final los barrotes de la incomprensión.

Luego volver con los escombros de la esperanza
en la espalda,

levantar las rodillas ensangrentadas,

con las muñecas partidas,

y retomar el camino porque atrás ya no queda
nada.

Tu incendio

Estoy y las caras también están ahí,

con el fuego de tus ojos que terminó por
quemarme,

y casi me dejó ciego,

por no querer controlar un amor tan intenso,

que era un fuego incontrolable,

que me subía arrasando mis muros y mis
fronteras,

y que se abría paso enarbolando la bandera de la
pasión y la lujuria.

Tu incendio me quemaba, pero no me importaba;

me lanzaba a él como si fuera el agua más fresca,

y después lamía mis heridas en el rincón de tu
recuerdo,

como el perro herido y apaleado.

Volvía y sabía que tu incendio me acabaría
devorando,

pero me lanzaba a tu pira,

jugaba con tus llamas y me comía los rescoldos de
tu hoguera,

hasta que solo quedaban tus cenizas.

Ahora, camino por la calle y, de vez en cuando,

huelo el olor de tu incendio y lo sigo, hasta que te encuentro;

tú en el centro, con las llamas por el suelo;

ellos lanzándose a quemarse,

sin importarles nada, solo tú y tu fuego.

Ya andas

Ya andas al descuido de las almas,

aquellas que se pierden por los agujeros ocultos,

buscando la ausencia del sentimiento,

para devorarlas y dejarlas en el desierto.

No esperas a la noche, solo recoges las cajas del olvido,

rebuscas en ellas las debilidades y los errores,

las capturas y los coleccionas,

los guardas para el futuro incierto

y luego atacas con las armas del sin sentido.

No te importa el dolor, ni el llanto, ni la pena,

solo te importa alcanzar tu objetivo final,

acaricias y sonríes, luego lanzas el zarpazo helado,

y te reconfortas en tu rincón solitario.

Has perdido la cuenta. No te importa.

Ahí sigues, esperando la debilidad y la desesperanza,

vuelves a salir sin apenas pensarlo,

sigues el instinto que te regalaron desde el principio de los tiempos.

No tienes remordimientos; es tu sino,

solo tienes que esperar el momento adecuado,

te lanzas sin pensarlo, con la boca abierta,

para dar el último mordisco y alimentar tu
insaciable hambre.

No vale la pena perseguirte, ni siquiera
combatirte,

al final sabes que saldrás vencedora,

por eso sigues aquí a la espera de tu siguiente
víctima.

Acércate

Acércate sin que yo me dé cuenta,

con el sigilo de una pantera,

y devórame hasta que no quede nada de mí,

ni los huesos ni los alientos del pasado.

Acércate sin darme explicaciones,

sin pedirme el permiso de los dioses,

rompe el silencio con tus gritos

y acuéstate junto a mí y duerme,

siguiendo el camino del agua.

Acércate desde el infinito doblado,

desde la incomprensión y la inconciencia,

háblame, aunque no te entienda,

dame tus palabras y las voltearé hacia el universo.

Acércate y dame tus manos calientes,

cúbreme con la luz de tus soles

ilumina mi alma de cueva y dame un segundo de
luz para mi eternidad.

Acércate, siéntate junto a mí, respira conmigo,

siente el fluir de nuestras conciencias,

cierra los ojos activos y déjate llevar al más allá
donde el hoy solo somos tú y yo.

Fronteras y banderas

Llegué a tu frontera

recorriendo los caminos del anhelo,

huyendo de las balas y las bombas,

del hambre y del sin sentido,

buscando la mano solidaria.

Alcé la vista para contemplar la altura de tus
muros de hierro, acero y cemento,

hinqué la rodilla al suelo

y recogí los pedazos de la esperanza.

Entonces, enarbolé la bandera que llevo grabada
en mi pecho,

la que nadie conoce y nadie respeta,

la levanté lo más alto que pude,

y la moví de un lado a otro,

para derramar sus colores cerca del horizonte.

No me escuchaste, ni me viste, solo me indicaste
el camino de la vuelta,

ese del desaliento y la desesperanza,

amordazado y cubierto de alambre de espino.

Sentado frente a ti,

comprendo que tu bandera es una bala
ensangrentada,

que tu frontera es la semilla de la vergüenza,

que tu camino no es ni de ida ni de vuelta,

solo el camino del egoísmo.

Aquí estaré, frente a ti,

soñando con ser esperanza,

con ser rayo de sol y de luna

para atravesar los muros de tus fronteras

y hacer invisibles tus banderas

¿Cuándo será?

Aquí estoy, a tres metros bajo tierra,

sin saber dónde,

miro a un lado y a otro y solo encuentro huesos.

¿Dónde están mis seres queridos?

Nadie me contesta.

Nunca los oigo.

Solo estoy con la oscuridad,

y con la fría humedad que ya forma parte de mis huesos.

Ni siquiera los gusanos, que hicieron su trabajo hasta dejarme en los huesos, se quedaron.

Ahora, mis huesos, están teñidos de sangre y barro.

Quiero gritar, pero no puedo

mi boca está llena de tierra

y solo escupo rabia, oscuridad y soledad.

Puedo imaginar que lloro,

porque llorar no puedo;

tengo las cuencas de los ojos secas y llenas de tierra,

y mis lágrimas se convierten en polvo.

Pienso, pero mis pensamientos se me escapan,

por el agujero del tiro en la nuca,

aquel que me hizo el cobarde,

al que rogué para que me disparara en la frente
clara,

pero él no pudo con su cobardía

y me arrancó la vida por la espalda.

¿Cuándo será la hora en que mis huesos vuelvan a
ver la luz?

ya no a respirar,

ya no a pisar las aulas,

ya no a sentir la caricia de la mano amada,

ya no a oír el canto del pájaro,

ya no a sonreír,

ya no a amar,

ya no ver amanecer,

solo a ver la luz de la justicia.

¿Cuándo será?

Ayer tuve un sueño

Ayer tuve un sueño

y me lo puse por sombrero,

un sueño de ala ancha,

de esos que te cubren del sol y de la lluvia,

de color rojo, no, azul, no, verde, no, negro,

al final se quedó con el color del arcoíris.

Luego se transformó en un camino polvoriento,

lleno de bancos viejos

que me hablaban y me invitaban a sentarme,

a descansar porque el camino es largo

y a quitarme el polvo que arrastraba de la vida.

Me senté y me convertí en la madera vieja de
todos los bancos e invité a otros a sentarse

y a quitarse el polvo que arrastraban de la vida.

Escapé de la madera, escupí los clavos

que me convirtieron en banco y corrí hacia la
salida,

pero el camino polvoriento se convirtió en un mar
tumultuoso,

y yo en una barca a la deriva

que bailaba al son de las olas

que eran los hombres y las mujeres que habían
pasado por mi vida.

Después llegó la calma,

ya no era una barca de madera,

era una mancha gris de cenizas sobre el mar

que se iba diluyendo entre la espuma de las olas.

Ayer tuve un sueño

y me lo puse por sombrero,

fui camino, madera, fui banco,

fui barca y fui cenizas.

Ahora que no estás

Ahora que no estás,

me faltan razones para entender un poco más la
vida,

para continuar el camino,

con la sencillez que tú me enseñaste,

intento encontrarlas bajo mis pies,

entre las manos de los otros,

en las palabras de aliento,

pero no las encuentro.

Ahora que no estás

te busco en las mañanas de café,

que ahora huele a tu ausencia,

y, sentado, espero oír tu voz,

pero solo me llega una entelequia de recuerdos,

los sabores inconfundibles del arte de tus
comidas,

los olores cálidos de las habitaciones,

y la mano caliente de tu último viaje.

Ahora que no estás,

ya no puedo llevarte mis nudos,

ponértelos sobre la mesa,

para que me ayudes a desatarlos,

y ahí se quedan junto a tus santitos,

esperando el milagro que nunca llega.

Ahora que no estás,

pienso en ti y me quedo jugando con tus recuerdos,

intentando comprender por qué es así la vida,

y la vida eres tú, ni más ni menos.

Ya los oigo

Ya los oigo, ya,

¡Están gritando!

desde los pozos, desde las simas,y desde las fosas comunes,

ya los oigo, ya,

¡Gritan justicia!

Pero los perros facinerosos,

que escondieron sus huesos,

no quieren oír a los muertos,

ni a sus huesos, ni a sus recuerdos,

no, no los quieren,

solo quieren la cal viva sobre sus cuerpos,

para esconder la ignominia del tiro traicionero en la nuca.

Ya los oigo, ya,

¡Ya rompen el silencio!

con el sonido de sus cráneos agujereados por el tiro de la infamia,

buscando salir de los pozos,

de las simas y de las fosas comunes

para descansar en la tierra de los que existieron o perderse en el mar.

Tras las tinieblas las hienas de la noche siguen aullando,

tras la carroña de sus miserias y de sus mentiras,

para volver a echar la cal viva del olvido,

sobre sus cuerpos,

sobre sus huesos

y sobre su recuerdo,

pero ellos siguen gritando.

¡No los callarán!

Ya los oigo, ya,

¡Gritan justicia!

Este poema está dedicado a todos los que han sido asesinados por las dictaduras y que siguen esperando que los saquen de las fosas comunes, de los pozos y las simas.

No te tengo

Ya no te tengo,

te me escapaste sin apenas notarlo,

te fuiste sin decirme nada,

dejándome solo tu silencio como despedida,

y el hueco de su ausencia en mi alma.

Algunas mañanas me levanto buscándote,

como un perro que busca a su amo,

pero no te encuentro y,

entonces, rebusco dentro de mi para agarrar algún recuerdo

y atarlo en algún tronco de mi memoria.

Sin embargo, tus recuerdos también se fueron

y solo me quedan las nebulosas de tu mirada,

los ecos olvidados de tus risas,

las fotografías de tu sonrisa en blanco y negro,

las cartas de los «te extraño»,

las poesías sin metáforas,

tus caricias saladas,

y los retales de tus besos.

Sí, ya no te tengo y cada tarde me siento a esperar
a que un día, cuando caiga la tarde,

tenga el valor de salir a buscarte,

pero sé que esa tarde no llegará,

y tendré que seguir viviendo entre las paredes de
lo que fue,

porque lo que pudo haber sido,

es un solar vacío donde ya no crece nada.

Dale a la rosa

Dale a la rosa su belleza,

la que le es propia,

la que le es de primavera,

la que se le quema en otoño,

y la que duerme en invierno.

Dale a la rosa su sentir,

que sepa del dolor de su otoño,

de la tristeza de su invierno,

de la alegría de su primavera

y del pasajero verano.

Dale a la rosa su incendio,

el comienzo de su primera llama,

que la quemó en su simiente,

la que la hizo hermosa como ninguna,

y que no parará hasta verla convertida en
estiércol.

Dale a la rosa su camino,

que camine desprendiéndose de sus pétalos,

que los vea caer,

hasta quedar desnuda ante el espejo,

pero no le hables de ayer,

no le hables del mañana,

háblale de hoy,

de cuando está esplendorosa

que es lo único que cuenta,

lo único que a ella le importa.

Solo

Solo, sí, solo, seguido de los ojos inquisidores de
los Scout,

de ese grupo de serpientes que reptan,

en busca del aplauso nocturno y efímero,

que mueren por un polvo carnívoro y una mentira
en la espalda,

esperando ser penetrados por el falo de la
sonrisa,

llenados de su cálida y mortífera estupidez.

Solo, navegando con mis amigas las paranoias,

revolcándome en la incomprensión de su realidad,

respirando, respirando, respirando,

para no sacar el mandoble y cortar todas las
cabezas de las Medusas que aúllan en mis sueños.

Solo en el camino, escuchando las carcajadas de
los acólitos,

de los miserables y de los lameculos,

que no saben hacer otra cosa que vivir en el
fango,

y que no soportan la luz en su oscuro túnel.

Solo, remando en el mar de muertos de hambre,

que me gritan que me una ellos,

que sonría, que aplauda, que me ponga a cuatro
patas,

que le bese los pies al puto vellocino de oro,

pero yo respiro, respiro, respiro y sigo el camino
solo.

Te vas

Ya te vas y te llevas todos los atardeceres,

dejando la estela marrón de tu mirada,

los retazos de tus besos,

el sabor marino de tus labios

y alas de tus caricias.

Yo me quedo aquí, sentado, cavando en la arena una tumba

para meterme dentro

y que me cubra el agua hasta ahogarme.

Ya te vas y yo me quedo con las fotografías azules,

con las sonrisas italianas, con los besos del sur,

con el deseo olvidado y con el amor reprimido.

Ya te fuiste y yo vuelvo a la playa, a tocar el mar que te tocó,

a mirar la luna que miraste, a sentir la brisa que te abrazó

y a contar, mil veces mil, las sílabas de tu último adiós.

Duelo

Ayer te fuiste siguiendo su recuerdo,

porque se te rompió el corazón en mil pedazos,

y no supiste dónde poner los trozos, se te cayeron
de las manos

y rodaron calle abajo como los juguetes rotos que
nadie quiere.

No te esperabas que la barca negra llegara tan
rápido,

porque todavía sentías sus manos, tenías sus
sonrisas,

tenías sus besos y sus caricias,

pero la barca llegó a tu playa

y te quedaste en la roca, bebiéndote las lágrimas,

comiéndote el dolor; sabías que jamás volvería.

Me lo dijiste con la mirada muerta,

intentando agarrarte a mi mano,

buscando un aliento para aferrarte a la vida,

para seguir respirando a trompicones,

mientras te tragabas la pena y su olvido,

pero no pudiste y te venció la angustia y la
tristeza,

te amordazaron y te fueron ahogando

y te dejaste llevar hasta donde nace el universo.

Ahora estoy solo, sin ti y sin él, y tengo que levantarme,

intentando no hundirme en mis lágrimas,

en las arenas movedizas de la desesperación,

dar un paso, levantar los pies del barro,

que los tengo hundidos hasta las rodillas,

un paso y después otro, un paso y después otro,

y no pensar en ti ni en él para seguir viviendo.

Vete

Vete y déjame solo tus manos

para cogerlas en las noches de tristeza,

y sentir un poco menos tu ausencia,

vete y llévate todas mis lágrimas,

esas que derramé cuando me apuñalabas con tus mentiras,

vete y déjame la desesperación,

para arrancarme con ella tus besos, tus sonrisas,

tus caricias y tus «te quiero»,

vete y déjame tu estela invisible,

para intentar taparme con ella en las noches que no pueda recordarte,

vete y entrégame todos los «te quiero»,

todos «los te amo» y todos los «no podré vivir sin ti»,

para enmarcarlos con tu olvido,

vete, porque ya no tengo miradas, ni besos,

ni caricias para ti,

solo me quedan los retazos de tus recuerdos,

esos con los que lloraré en el escalón del silencio.

Ya nada será lo mismo

Ya nada será lo mismo,

después de aquella mirada en estampida,

después de aquel roce furtivo,

después de aquel beso imaginado y deseado,

no,

ya nada será lo mismo,

ni tus ropajes trasnochados con olor a ausencia,

ni tus tacones acompasados con tus caderas,

ni tus silencios tras el buche de tu último vodka
con limón,

no,

ellos no podrán salvarte,

solo quieren atravesarte y salir huyendo,

tampoco lo hará la noche y sus muertos,

¿no lo entiendes?

no,

nada será lo mismo,

porque se rompió la membrana virgen de tu
crisálida,

esa que te mantenía a un palmo de mi boca,

esa que te impedía sentir el aliento de sus almas,

¡ahora!,

¡ahora!,

¡ahora!,

y después también

¡ahora!,

porque tu ayer no me interesa,

es un muerto sin esquela,

tampoco tu futuro,

porque es el puto invento de los infelices,

¡ahora!

sí,

¡ahora!

quiero el ahora,

porque después nada será lo mismo,

tú lo sabes y yo lo sé, eso es lo suficiente,

es lo único que importa.

Dedicada a una mirada perdida.

Recorrerte

Quiero seguir tu cuerpo,

esa estela invisible que dejan tus caderas en el aire,

las que me hacen soñar con ser espejo en cada baldosa que pisas,

para morder el hilo de tus tangas de encaje imaginado.

Quiero buscarte con la mirada,

para sumergirme en cada centímetro de tu piel

y ser los labios que besan tu libidinosa y jugosa boca

y jugar a perderme en el sudor de tus tersos pechos y sorber el salado jugo de tus pezones.

Quiero que mi lengua sea la cálida y húmeda palabra de paso,

esa que abre todas las cavernas de tus sueños obscenos,

esos, que te convierten en una fiera lujuriosa,

que me muerde y me grita en el fragor del desenfreno.

Quiero ser el amante secreto en tus sueños,

ese que te hace el amor todas tus mañanas,

en las tinieblas de tu garaje comunitario,

en los probadores perfumados de lencería negra y
roja,

en los ascensores detenidos en tu piso veintitrés y
en su coche negro.

Pero hoy te perderás en la otra acera,

y seguiré persiguiendo las sombras de tus caderas.

Ayer me desperté en tu cuerpo

Ayer me desperté en tu cuerpo

con el sabor de tus besos en la comisura de mis
labios

y con el perfume de tu tez de ébano en mis
sedientas manos.

Olí cada centímetro de tu piel como un perro en
celo

mientras dormías, agotada,

después de devorarme, a mordiscos, los últimos
restos de mi concupiscencia.

 Te desperté sumergiéndome en el cáliz sagrado
de tu sexo

y libando, con mi lengua sedienta,

el néctar oculto de tu lujuria,

mientras mis manos querían ser tus pezones de
café.

Repté como una serpiente,

por tu cuerpo convulso,

siguiendo el camino de tus sollozos,

hacia tu boca de mariposa,

para jugar con tu lengua,

y ahogarme con la pasión de tus besos.

Entré en todas tus cuevas ardientes

mientras tus uñas hacían surcos de delirio en mi
piel,

hasta quedarme extasiado, solo, con el placer
efímero de mi egocentrismo.

Ayer me desperté en tu cuerpo,

buscando en el techo blanco

las briznas de tu sueño que se perdieron en la
perra conciencia.

Amada, ya volví

Amada, ya volví de las montañas extranjeras,

que subí sediento, en busca de la zarza ardiente
de la pasión y el sexo.

Sí, ya volví de las selvas amazónicas en las que libé
el néctar de todas las flores,

ya volví de los desiertos amarillos donde casi morí
de sed,

ya volví de las cuevas negras, llenas de
murciélagos,

que me chupaban la sangre.

Ya volví, amada, pero no te encontré.

Te dije que me esperaras,

al borde del puerto de la esperanza,

sentada, oyendo el murmurar de nuestros
corazones,

tejiendo el abrigo solitario para nuestro
encuentro.

¿Dónde estás amada?

Ya estoy aquí,

sentado en la cresta de la desesperación,

esperando tus pasos de vuelta,

tu mirada enamorada,

tus besos con sabor a marina

y tu comprensión eterna,

ya estoy aquí, amada.

Viejo muelle de Agaete

Ayer recorrí las calles de tu recuerdo,

y seguí los trazos azules que dibujó la pezuña
tintada del unicornio,

que te dieron aquella forma difusa,

que se escondía en los baúles

enterrados en mi memoria.

Me senté en tus piedras grises,

carcomidas por el mar y el viento,

y volví a sentir el latir de tu corazón

de piedra vieja y solitaria,

bañado por tu perfume porteño.

Recordé los amores adolescentes,

los besos furtivos,

el sexo descubierto y ardiente,

que enterramos en las sombras de tus rincones
salinos.

Contemplé, desde tu atalaya ensalitrada,

la mano mutilada de tu hermano pétreo,

que desde los confines del tiempo,

desafía a la furia de Eolo y a las mordidas de
Neptuno.

Me tumbé en tu orilla marina

y me dejé llevar por las barcas del pasado,

aquellas que se olvidaron de abarloar en tus
verdes muros.

Allí oía el ronroneo de los guijarros

que jugaban a cantar con cada ola distinta.

Ayer volví al muelle olvidado, entre las letras el
primer poema, aquel que se perdió en el traslado
hacia los nuevos horizontes de un futuro incierto.

Yo también soy el enemigo

Yo también soy el enemigo,

ese que levanta las manos,

empuñando el arma transparente de la palabra,

y la daga subversiva del grito.

Yo también soy el enemigo,

ese que se sienta a esperar el golpe irracional de
tu porra,

el bote de humo que oculta tus vergüenzas,

y la bala de goma que destroza mi boca.

Yo también soy el enemigo,

ese ser irracional que te espera,

sentado en las plazas y en las calles,

con las manos arriba,

con una palabra y un libro.

Yo también soy el enemigo,

ese, que te mira a tus ojos inyectados en sangre,

esperando el primer golpe, la primera patada

y te dice: yo puedo ser tu hijo.

Yo también soy el enemigo,

y seguiré siéndolo porque seguiré usando la palabra,

seguiré sentado en las calles y en las plazas y tu porra no silenciará mi grito.

Te he construido en todas las
noches de tu ausencia.

Te he construido en todas las noches de tu
ausencia,

le he dado forma a tus labios ardientes,

los he besado con pasión, los he besado con
ternura,

los he acariciado con mis manos

como buscando desesperado una forma en el aire,

un suspiro donde agarrarme

buscando en ellos tu cálida presencia.

Te he construido en todas las noches de tu
ausencia,

dando forma a tu sonrisa grandiosa,

queriendo oír tu risa, tu carcajada singular,

y reírme contigo para consolar a este corazón que
se oculta como el Sol

todas las tardes en que tú no estás.

Te he construido en todas las noches de tu
ausencia,

pintando en el aire tu cuerpo,

queriendo recorrer tus colinas cálidas,

besar las frescas margaritas que crecen en ellas,

desojar con mi lengua sus pétalos,

viendo como tu mirada se pierde en la noche
mirando las nubes y las estrellas

sintiendo como el frescor de nuestro placer

recorre nuestras espaldas.

Te he construido en todas las noches de tu
ausencia,

esculpiendo nuestros cuerpos entre sábanas
blancas,

entre la arena amarilla de una playa,

entre el vaho tibio de un Ford negro matrícula de
Barcelona,

en el salón de una abarrotada discoteca,

para sumergirnos en nuestro amor,

en nuestros besos,

en el roce ardiente de nuestros cuerpos,

y llegar vencidos por el placer

al éxtasis, al nirvana que hemos construido con
nuestras caricias.

Te he construido en todas las noches de tu
ausencia,

para buscarte dentro de mí,

darte todos mis sentimientos con mis manos,

retenerte en el aire, aunque sea por unos
instantes

y perderme en un mar de escalofríos
incontrolables,

para caer dormido con tu imagen

en el desierto de su ausencia

esperando el día que me des de beber el agua de
tu presencia.

Tú eres la luz

Me costó admitir que estabas por aquí,

que eras sangre de mi sangre,

piel de mi piel,

pero poco a poco tus manos, tus ojos, tu cuerpo,

tus gestos, tu vida,

fueron siendo parte de mí.

Ahora lo sé, Aarón, eres parte de mí,

estas en cada amanecer, en cada suspiro, en cada
paso que doy,

ahora eres parte como lo es mi cuerpo, mis ojos.

Lo dice clarito tu nombre, eres la luz de la
montaña,

Una luz que ilumina mi camino,

Esos caminos que por momentos Se tornan
oscuros.

Pero tu estas ahí, siempre estás ahí,

Para decirme, con tu mirada, que jamás estaré
solo,

Porque tu fuerza me alienta a seguir.

Lo tienes que saber, yo estaré también ahí,

para darte el aliento y la fuerza para seguir adelante,

mis manos siempre estarán abiertas para ti.

Es tu mirada, tu mirada limpia, inmaculada,

La que me hace sonreír,

Sonreír porque cuando me miras fijamente,

siento una confortable tranquilidad y paz.

Y qué decir de tus manos, que son como las mariposas de la primavera,

Que revolotean sin cesar buscando mis manos,

que siempre están ahí desde el día que viste este mundo.

Cuántas veces me pierdo mirándote,

mirando tus ojos,

mirando tus juegos,

riéndome con tus ocurrencias infantiles.

Te lo digo a ti, que eres mi luz.

Ya estás aquí, te estaba esperando,

¿Por qué has tardado tanto tiempo?

He estado buscando tu boca,

que es como ese mar azul,

que me acaricia y me purifica.

¿Por qué tardaste tanto?

Te busqué entre los sonidos sordos de las caracolas,

entre la estela de las caminantes que se cruzaban ante mí,

entre los ojos y miradas desconocidas,

pero no te encontré,

entre los besos intensos de las amazonas,

que recorrían mi cuerpo buscando no sé qué.

Pero tampoco te encontré.

¿Dónde estabas?

Llevo mucho tiempo aquí esperando en este banco de soledad,

viendo pasar corazones vivos, incluso alguno muerto,

abrazando quimeras que me vendieron.

Llorando por aquellas que se fueron sin decir
nada,

pero ¿dónde estabas?

Ya estás aquí, mi alma se reconforta,

con su mirada cálida y tu sonrisa luminosa,

ya tengo tus manos de estrella,

ya tengo tu boca,

ya tengo tu cuerpo,

ya te tengo aquí,

ya estás aquí querida mía.

Cuánto has tardado.